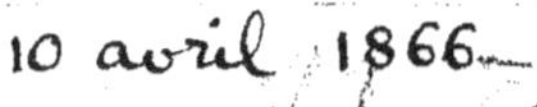

CATALOGUE

D'OBJETS D'ART

ET DE CURIOSITÉ

TABLEAUX

DE MAITRES ANCIENS

PROVENANT

D'UNE CÉLÈBRE COLLECTION DE SAINT-PÉTERSBOURG

ET DE

MEUBLES D'ART

EN ÉBÈNE, INCRUSTÉS D'IVOIRE

D'ARTISTES ITALIENS

FORMANT LA DERNIÈRE PARTIE

DE LA

Collection de M. ANGELO DE AMICCI, de Milan

DONT LA VENTE AUX ENCHÈRES PUBLIQUES AURA LIEU

HOTEL DROUOT

SALLE N° 1

Le Mardi 10 Avril 1866, à deux heures.

M⁰ **DELBERGUE-CORMONT**, Commissaire-Priseur,
rue de Provence, 8,
Assisté de **M. DHIOS**, Expert, rue Le Peletier, 33,
Chez lesquels se délivre le Catalogue.

EXPOSITIONS
{ PARTICULIÈRE : Le Dimanche 8 Avril, de 2 heures à 5 heures.
{ PUBLIQUE : Le Lundi 9 Avril, de 1 heure à 5 heures.

NOTA. Le présent Catalogue servira de Carte d'Entrée.

PARIS — 1866

EXEMPLAIRE DE DHIOS

CATALOGUE

D'OBJETS D'ART

ET DE CURIOSITÉ

TABLEAUX

DE MAITRES ANCIENS

PROVENANT

D'UNE CÉLÈBRE COLLECTION DE SAINT-PÉTERSBOURG

ET DE

MEUBLES D'ART

EN ÉBÈNE, INCRUSTÉS D'IVOIRE

D'ARTISTES ITALIENS

FORMANT LA DERNIÈRE PARTIE

DE LA

Collection de M. ANGELO DE AMICCI, de Milan

DONT LA VENTE AUX ENCHÈRES PUBLIQUES AURA LIEU

HOTEL DROUOT

SALLE Nº 1

Le Mardi 10 Avril 1866, à deux heures.

Mᵉ DELBERGUE-CORMONT, Commissaire-Priseur,
rue de Provence, 8,
Assisté de **M. DHIOS**, Expert, rue Le Peletier, 33,
Chez lesquels se délivre le Catalogue.

EXPOSITIONS
PARTICULIÈRE : Le Dimanche 8 Avril, de 2 heures à 5 heures.
PUBLIQUE : Le Lundi 9 Avril, de 1 heure à 5 heures.

NOTA. Le présent Catalogue servira de Carte d'Entrée.

PARIS — 1866

Elle sera faite au comptant.

Les Acquéreurs paieront en sus de leur prix d'adjudication, CINQ CENTIMES par franc, applicables aux frais de la Vente.

DÉSIGNATION
DES OBJETS

IVOIRES, ARGENTERIE, BRONZES, MARBRES, ÉMAUX DE LIMOGES, MATIERES DURES, ETC.

1 — Très-beau vase à deux anses en ivoire sculpté; le sujet représente des naïades, des tritons, des chevaux marins, des dauphins et des enfants sur les eaux. Les anses sont d'une forme élégante et se terminent par deux têtes chimériques; le couvercle est orné d'une statuette dieu marin soufflant dans une conque. Cette jolie pièce est posée sur socle, que supportent quatre chevaux marins... (Monture en vermeil).

2 — Un vase en ivoire sculpté. La panse du vase représente Adam et Eve dans le paradis terrestre, entourés des animaux de la création ; le couvercle est orné d'un camée tête d'empereur romain ; l'anse est formée par une tête de femme se terminant en caryatide. Belle monture en argent.

3 — Vase à une anse en ivoire sculpté, orné d'un sujet représentant le triomphe de Bacchus enfant. Monture en argent finement ciselé.

4 — Très-beau morceau de sculpture en ivoire, formant socle. Le sujet représente une bacchanale et une offrande. Monture en bronze ciselé et doré.

5 — Une jolie coupe à lobes en ivoire sculpté, ornée de figures de dieux et déesses de la fable. Au centre, le triomphe de la religion. Les deux anses sont formées par deux têtes de femmes, se terminant en caryatides.

6 — Une autre coupe de même forme représentant le triomphe de Bacchus et d'Ariane.

7 — Un petit diptyque en ivoire sculpté. Sujet biblique.

8 — Beau vase à anse en argent repoussé; le sujet qui décore la panse du vase représente un concert d'enfants. Le couvercle est orné d'un sujet représentant Vénus et l'Amour ; le pied est décoré de feuillages et rinceaux. L'anse d'une forme très-gracieuse se termine par deux têtes d'animaux chimériques.

9 — Joli vase à anse en argent repoussé. La panse représente quatre enfants, allégorie des Saisons avec couvercle de feuillage, pied évasé ; anse d'une jolie forme avec ornements.

10 — Deux petits flambeaux en argent, finement gravé, époque Louis XIII.

11 — Nécessaire de toilette en argent, orné de gravures, ornements et portraits ; composé d'un plateau ovale contourné, une grande boîte à savon, une boîte à poudre et un petit vase à couvercle sur piédouche ; ensemble quatre pièces époque Louis XIV.

12 — Un autre nécessaire semblable au précédent.

13 — Une cafetière avec plateau en argent gravé et ciselé époque Louis XV.

14 — Une statuette en argent, représentant la figure de Jésus-Christ, posé sur un socle en cristal de roche.

15 — Une couverture de livre en filigrane d'argent et grenats.

16 — Deux figures en bronze : les Dénicheurs d'oiseaux de Pigal. Ces deux petits bronzes sont de l'époque et posés sur socles, en marbre blanc et bronze doré.

17 — Quatre bronzes italiens fin du xvi⁰ siècle, statuettes représentant des Déesses de la Mythologie, posées sur socle en marble blanc et bronze doré.

18 — Jolie pendule Louis XVI en bronze ciselé et doré au mat; elle est posée sur un socle en marbre blanc à cannelures orné d'un bas-relief: Bacchanale d'enfants. Le cadran est supporté par quatre pieds à griffes de lion se terminant par des têtes de satyres avec guirlandes de fleurs. D'un côté, l'Amour debout sur un coussin; de l'autre, Bacchus enfant assis sur un tonneau; sur le haut, une Jeune fille avec deux colombes.

19 — Petite pendule Louis XIV, en bronze doré; le cadran est posé sur un cheval en bronze argenté, posé sur socle à griffes de lion.

20 — Joli groupe en marbre blanc : les Petits Lutteurs.

21 — Une grande vasque en rouge antique, forme carrée-long, supportée par deux colonnes cannelées qui sont posées sur un socle en marbre vert de mer, orné de quatre mufles de lions en rouge antique et de pieds à griffes de lion en bronze doré. Pièce rare.

22 — Deux coupes rondes sur piédouche en rouge antique, anses prises dans la masse.

23 — Une coupe en lapis-lazulli de forme ovale, posée sur une statuette de femme drapée, en bronze doré au mat, socle en agate orientale.

24 — Deux coupes en granit gris, monture en bronze doré.

25 — Belle coupe piédouche en émail de Limoges; l'intérieur est orné d'un sujet représentant un Combat de ca-

valiers. Le couvercle est décoré de quatre médaillons d'empereurs romains, alternés de quatre enfants. Le pied et le dessous sont ornés de rinceaux arabesques et animaux chimériques. Peintures en grisaille.

26 — Console Louis XVI, de forme ovale, posée sur huit pieds cannelés; dessus en marbre blanc avec galerie à jour; jolis bronzes ciselés et dorés au mat.

27 — Une petite théière en agate, posée sur une tortue formant socle. Jolie monture en bronze doré.

28 — Un diptyque à deux volets en ébène avec ornements d'argent, contenant deux médaillons représentant la Vierge et Jésus, peints sur lapis lazzuli.

29 — Sabre à lame recourbée en damas, fourreau et poignée en cuivre ciselé et doré.

Ce sabre a été offert au général Augereau par Napoléon Ier.

30 — Un éventail Louis XV. Jolie monture en ivoire sculpté orné d'une peinture pastorale.

31 — Boîte de médecine en vieux laque doré du Japon, ornée de figures en relief.

Pièce d'une belle qualité.

32 — Un nécessaire de dame pour porter à la ceinture, en cuivre ciselé et doré, époque Louis XIV.

ANCIENNES PORCELAINES DE SAXE

33 — Deux vases de forme ovoïde, en porcelaine de Saxe, décorés de fleurs en relief et surmontés de couvercles à figures d'enfants.

34 — Un vase en porcelaine de Saxe, à long col, décoré de fleurs en relief.

35 — La Bergère et le Chasseur; grand groupe.

36 — Les Vendengeurs; groupe de quatre figures d'enfants avec un bouc.

37 — Nymphe avec un Amour monté sur une chèvre; groupe.

38 — Jupiter et Léda; groupe gracieux.

39 — La Poésie et la Musique; joli groupe de deux figures.

40 — Vénus au Dauphin; jolie statuette sur socle en bronze doré.

41 — Minerve; jolie statuette sur socle en bronze doré.

42 — Bacchante et Satyre; groupe très-fin.

43 — Vénus et l'Amour; joli groupe.

44 — Seigneur à cheval suivi d'un nègre; très-beau groupe.

MEUBLES

EN ÉBÈNE, INCRUSTÉS D'IVOIRE

FORMANT LA 2ᵉ ET DERNIÈRE PARTIE

De la Collection de M. ANGELO DE AMICCI, de Milan.

45 — Magnifique lit à quatre colonnes se terminant en forme de pyramide. Le panneau qui forme la tête du lit est orné de trois grandes plaques en ivoire gravé ; la plaque du milieu représente Mars endormi visité par Vénus et l'Amour ; celle de gauche, un dieu marin tenant un trident d'une main et la boule du monde de l'autre ; il sort des ondes monté sur un dauphin ; celle de droite, une déesse sortant des eaux, montée sur une coquille formant char, traîné par deux dauphins. Le haut se termine par un fronton où sont gravées des armoiries surmontées d'une couronne. Toutes les parties de cette admirable pièce sont couvertes de frises, de rinceaux, enfants, oiseaux, fleurs et animaux chimériques de la plus grande beauté.

46 — Un très-joli meuble formant commode, orné de tiroirs décorés de frises en ivoire incrusté, oiseaux, enfants, caryatides, nymphes, etc. Le dessus est orné d'une plaque en ivoire gravé représentant Vénus sur son char, traîné par des colombes, entourée de Nymphes et d'Amours. La frise qui suit les contours du meuble est formée de figures d'enfants, d'animaux chimériques et de trophées. L'encadrement de la glace qui est posé sur le meuble est orné

d'une frise, rinceaux, figures et animaux. Dans le haut
du fronton de la glace, est une plaque d'ivoire gravé,
représentant un dieu marin, entouré de Naïades et
d'Amours.

47 — Un bureau ébène et ivoire, entièrement couvert d'in-
crustations, frises, rinceaux, animaux chimériques et
fleurs. Ce joli meuble est posé sur quatre pieds; la partie
supérieure est ornée de dix tiroirs et de trois portes sépa-
rées par six colonnes avec chapiteaux. La porte du milieu
est ornée d'une plaque en ivoire gravé, représentant une
jeune femme portant une corbeille de fleurs sur la tête,
près d'elle deux enfants. Celles des côtés sont surmontées
de galeries avec tiroirs. Des mufles de lion en bronze doré
forment les poignées des tiroirs.

48 — Une jolie table en ébène incrusté d'ivoire; elle est de
forme carré-long, posée sur quatre pieds à balustre, reliés par un X. Ce beau meuble est entièrement couvert
d'arabesques, rinceaux, têtes de mascarons, frises et de
deux belles plaques d'ivoire gravé, représentant Vénus et
l'Amour, et Vulcain forgeant des flèches à l'Amour

49 — Deux très-belles consoles, style Louis XIV, en bois
sculpté et doré; elles sont formées de quatre pieds con-
tournés autour desquels s'enroulent des serpents et se
terminent par des têtes de femmes formant caryatides;
au centre, une figure d'Apollon; dans le bas, et au milieu
des pieds, qui sont reliés par un X, est placée une statuette d'Amour tenant des roses.

Très-beau travail.

50 — Jolie glace, style Louis XIV, ornée de figures de femmes formant caryatides, d'animaux chimériques et d'un
fronton orné de figures.

TABLEAUX ANCIENS

JAURAT (Étienne)

51 — L'Amour petit maître.

DU MÊME

52 — L'Amour coquet. Pendant du précédent.
Ces deux tableaux ont été gravés par Jaurat, frère du peintre, en 1732.

PATER

53 — Réunion galante au milieu d'un paysage boisé.
Toile. — H. 00 c. L. 00 c.

DE MARNE

54 — L'Abreuvoir.
Bois. H. 40 c. L. 56. c.

55 — La Sortie de la Bergerie.
Toile. — H. 32 c. L. 40 c.

56 — Déchargement de Marchandises près d'une rivière.
Toile. — H. 32 c. L. 46 c.

SALVATOR ROSA

57 — Jésus et la Samaritaine.

58 — Jésus et la Femme adultère.

Deux petits tableaux de chevalet, d'une touche précieuse.

Forme ronde. — Toile. — H. 33 c. L. 33 c.

LAURENT DE LA HYRE

59 — Repos de la Sainte Famille près d'un palais à colonnade.

Bois. — H. 60 c. L. 48 c.

SNYDERS

60 — Réunion d'Oiseaux et Animaux au milieu d'un paysage. Grande et belle composition.

Toile. — H. 00 c. L. 00.

R. UDNY

61 — Chèvres et Moutons.

62 — Chèvres, Boucs et Moutons.

Pendant du précédent.

Bois. — H. 20 c. L. 27 c.

VERBOEKOVEN (Eugène)

63 — Moutons et Bouc au milieu d'un pâturage.

Bois. — H. 38 c. L. 50 c.

LÉPICIÉ

64 — L'Heureux Ménage.

Bois ovale. — H. 00 c. L. 00 c.

CORRÈGE (École du)

65 — La Vierge et l'Enfant Jésus ; curieux encadrement en bois sculpté de figurines mythologiques en relief.

Marbre. — H. 35 c. L. 28 c.

RAPHAEL (D'après)

66 — La Vierge, sainte Élisabeth, Jésus et saint Jean, au milieu d'un paysage.

Petit tableau très-fin.

Cuivre. — H. 35 c. L. 27 c.

MAITRE FLAMAND

67 — Sainte Famille.
Petit tableau très-fin.

Cuivre. — H. 35 c. L. 27 c.

Renou et Maulde, imprimeurs de la Compagnie des Commissaires-Priseurs, rue de Rivoli, 144.

9 782329 533766